Regarde, je lis !
Une

Mila et Noé font du canoë

Éric Battut
Professeur des écoles

Illustré par
Nathalie Desforges

Nathan

Le papa de Mila

a un joli canoë.

Noé adore

la pagaie.

Mila a vu le

gilet de sauvetage.

Comme

un funambule,

Noé marche

sur la pagaie.

Comme

une grenouille,

Mila saute

à bord.

Le canoë remue.

Noé bascule !

La corde se casse.

Mila chute.

Le canoë file

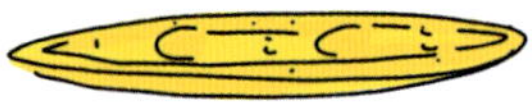

sur la rivière.

Mila hurle :

– Là ! Une cascade !

Le canoë bascule

dans le vide…

Le canoë a disparu.

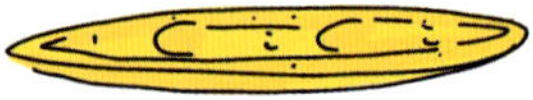

Mais le papa entend

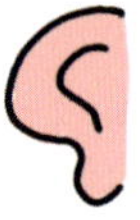

des rires.

La cascade est

comme un petit

toboggan rigolo.

La rivière est calme.

Des castors vivent là.

Le papa arrive.

Il est fâché !

– Chut Papa !

les bébés castors

dorment...

Qu'as-tu retenu de l'histoire ?

Qui devait monter sur le canoë ?

Mila, Noé et le papa de Mila.

Sur quoi Noé fait-il le funambule ?

Il fait le funambule sur la pagaie.

Pourquoi le canoë part-il tout seul ?

Il part car la corde s'est cassée.

Pourquoi Mila hurle-t-elle ?

Elle hurle car le canoë arrive à une cascade.

Cette cascade est-elle dangereuse ?

Non, elle est comme un petit toboggan.

Pourquoi le papa est-il fâché ?

Il est fâché car les enfants ont été imprudents.

Que découvrent Mila et Noé
après la cascade ?

Ils découvrent une famille de castors.

Création maquette et mise en pages : Céline Julien
 – ISBN : 978-2-09-193386-3
N° d'éditeur : 10256254 - Dépôt légal : Juin 2020
Achevé d'imprimer en juin 2020, en France, par l'imprimerie Clerc